LA VIUDA
DE NAÍN

Carmen Román Martínez

LA
VIUDA
DE NAÍN

SAN PABLO

Colección dirigida por Silvia Martínez Cano

Carmen Román Martínez (Pamplona, 1963) es una religiosa de la Congregación de Santo Domingo. Estudió periodismo y se doctoró en Teología bíblica. Trabaja como profesora de Sagrada Escritura en la Facultad de Teología de Granada de la Universidad Loyola, donde pertenece al Grupo de Investigación emergente sobre relecturas bíblicas y realidad actual. Además, se ha especializado en los evangelios sinópticos, un tema al que ha dedicado numerosos artículos.

© SAN PABLO 2025
   Protasio Gómez, 11-15. 28027 Madrid
   Tel. 917 425 113
   secretaria.edit@sanpablo.es - www.sanpablo.es
© María del Carmen Román Martínez, 2025
© Ilustración de portada: Silvia Martínez Cano, 2025
© Ilustraciones de interior: Montserrat Martín Blanco, 2025

Distribución: SAN PABLO. División Comercial
Resina, 1. 28021 Madrid
Tel. 917 987 375
ventas@sanpablo.es
ISBN: 978-84-285-7311-5
Depósito legal: M. 5.154-2025
Printed in Spain. Impreso en España

Introducción

En nuestra sociedad no resulta fácil hablar de la muerte a pesar de que los sucesos cotidianos sobre este acontecimiento nos sacuden cada jornada. Es como si los días se fueran oscureciendo y no alcanzáramos a ver la luz que se oculta tras esas nubes de tristeza y aflicción. El individualismo y la soledad que en ocasiones nos rodean nos llevan a preguntarnos sobre el sentido profundo de nuestra existencia o para qué vivir si inexorablemente nos llega la muerte. Pero ante la respuesta sucede que preferimos mirar desde fuera de nuestro ser, desde una ventana de cristal que pocas veces queremos abrir. En un momento vital como este, el desamparo que se siente es difícil de explicar y así debió sentirse no solo la viuda de nuestro relato, sino tantas otras mujeres que vivieron y viven dicha situación. Sin embargo, es una realidad que el ser humano tiene que afrontar como el camino que nos lleva a la vida. «Nacemos, morimos, ¿para qué?», cantaba la hermana Glenda o en palabras del Quohélet: «Todo tiene su momento y cada cosa su tiempo bajo el cielo: un tiempo de nacer y un tiempo de morir» (Qo 3,1-2).

Algunas palabras que nos van a acompañar a lo largo de este texto:

- *Viuda (almanah)*. En hebreo, la palabra indica la mujer que al fallecer su marido pierde su condición social y económica, situación tanto más grave si no tiene hijos varones. Las viudas en el Antiguo Testamento figuran entre los más pobres de la sociedad junto a los huérfanos y los extranjeros (Is 10,2; 47,9). En el Nuevo Testamento, especialmente en Lucas, se aprecia la misma predilección de Jesús hacia las viudas presentes en la Ley y los profetas (Lc 7,11; 18,3-5; 20,47; 21,2-4). Jesús las elogia y las pone como ejemplo de enseñanza (Mc 12,41-42; Lc 18,1-8). En la comunidad primitiva de Jerusalén las viudas forman un grupo aparte, cuyas necesidades son cubiertas diariamente (cf He 6,1).

. *Naín.* Población de Palestina mencionada en el Nuevo Testamento. El Midrás le da el significado de «placentero», «amable» a un lugar llamado Naín en el territorio de Isacar, en Galilea *(Bereshith rabbá,* 88). Eusebio y san Jerónimo sitúan Naín al sur del monte Tabor, no muy lejos de Endor (cf 1Sam 28,3-25). Es interesante comprobar que en el lado sur de la misma cordillera de montañas está Sunén, donde Eliseo también resucitó al hijo de la mujer sunamita (2Re 4,8-36). En la actualidad, Naín es una pequeña aldea con algunas ruinas y grutas que sirvieron de sepulcros en el pasado.

. *Misericordia.* Según la Real Academia de la Lengua, las palabras *compasión* y *misericordia* tienen significados similares hasta el punto de que ambos conceptos se intercambian. La palabra *compasión* viene del latín *compassio, –onis* y hace referencia, al «sentimiento de ternura, de empatía, de identificación ante los males de alguien». La palabra *misericordia,* a su vez, se deriva de dos términos, *misereor,* «apiadarse», y *cor,* «corazón», y sugiere la idea de un corazón que se apiada ante el sufrimiento. La misericordia es la «virtud que inclina el ánimo a compadecerse de los trabajos y miseria ajena». Para Lucas, Jesús es personalmente la expresión de las entrañas de misericordia del Padre.

Días de oscuridad

El dolor por la pérdida de un ser querido forma parte de la vida de todo ser humano. Cada día nos enfrentamos al dolor y al sufrimiento propio o al de otros, sufrimiento no siempre fácil de gestionar. Pero, cuando el dolor o la muerte nos sitúan ante la indefensión y la marginación, estas se convierten en un callejón sin salida, en una total oscuridad. Todos nos planteamos en alguna ocasión la pregunta: ¿vivir para qué?

La respuesta no admite demora, evitar responderla es evitar vivir. Sin duda, enfrentarnos a la muerte no es fácil. Implica dolor, sufrimiento, pérdida, desconsuelo. Es más, aceptar la muerte de un ser querido y transitar por el camino de las lágrimas deja al ser humano roto por dentro. Pero si la pérdida de este ser querido es un hijo/a, encontrar la paz y la esperanza se presenta casi como un imposible. Sin embargo, para quienes han sufrido esta situación y han encontrado luz en el camino, la vida adquiere un sentido nuevo. La esperanza se torna cierta y la alegría es posible. El milagro de la vida se hace realidad. Entendernos como seres humanos limitados, necesitados de experiencias que transciendan nuestras corazas, nos hace vulnerables a la compasión, a la acogida, al amor. «El dolor es el megáfono que Dios utiliza para despertar a este mundo de sordos», decía C. S. Lewis, en la película sobre su vida: *Tierras de penumbra*.

Todo esto debía pensar y sentir la viuda de Naín cuyo hijo llevaba a enterrar, aunque su situación no era nada fácil; al dolor de la pérdida se sumaban la soledad y el desamparo económico y social: ¿qué será de mí?, ¿qué será de esta pobre mujer cuya vida está enmarcada en la marginación?

En estos momentos, solo Jesús es capaz de romper el tiempo y permitir que las situaciones cambien. Solo él es capaz de romper las barreras del miedo, los límites de la indefensión, las corazas de la pérdida para dar luz a las noches de oscuridad. Esta es la Luz que deslumbró a una pobre viuda de un pequeño pueblo llamado Naín, e iluminó su vida.

Una situación injusta desde antiguo

La situación de la mujer en el mundo antiguo no era nada fácil. El ámbito familiar era eminentemente patriarcal. El padre de familia era la persona principal en el hogar, mientras que la mujer se encontraba en condición de inferioridad. Su primera tarea era atender las labores de la casa, incluidos los trabajos más duros. La relación con su esposo era de esclava a dueño, y se la consideraba como parte de sus propiedades (Éx 20,17). Además, si la esposa era estéril podía ser cambiada por una mujer fértil.

En esta cultura donde el hombre tenía el papel protagonista era imposible para una mujer vivir sola, pues el espacio base de la existencia era la «casa» o la familia, y fuera de ahí una mujer quedaba abocada a la prostitución o vagaba sin ayuda por el mundo. Desde este contexto puede entenderse la Ley del levirato (Dt 25,5-10):

Si unos hermanos viven juntos y uno de ellos muere sin tener hijos, la mujer del difunto no se casará fuera con un hombre de familia extraña. Su cuñado se llegará a ella, ejercerá su levirato tomándola por esposa, y el primogénito que ella dé a luz llevará el nombre de su hermano difunto; así su nombre no se borrará de Israel. Pero si el cuñado se niega a tomarla por mujer, subirá ella a la puerta donde los ancianos y dirá: «Mi cuñado se niega a perpetuar el nombre de su hermano en Israel, no quiere ejercer conmigo su levirato». Los ancianos de su ciudad llamarán a ese hombre y le hablarán. Cuando al comparecer diga: «No quiero tomarla», su cuñada se acercará a él en presencia de los ancianos, le quitará su sandalia del pie, le escupirá a la cara y pronunciará estas palabras: «Así se hace con el hombre que no edifica la casa de su hermano»; y se le dará en Israel el nombre de «Casa del descalzado».

En este contexto, el hermano o el pariente más próximo del fallecido debía casarse con la viuda, no solo para asegurar la descendencia del difunto, sino también para protegerla a ella (cf Gén 38; Rut 4), aunque no siempre el pariente más cercano o hermano del difunto estaba dispuesto a continuar y perpetuar el linaje de la familia (cf Gén 38,1-11).

Por esta razón, las viudas en el Antiguo Testamento figuran entre los más pobres de la sociedad junto a los huérfanos y los extranjeros (Is 10,2; 47,9). No existía persona más marginal, frágil y abandonada que la viuda en la antigüedad: «Nuestra heredad ha pasado a extranjeros, nuestras casas a extraños. Somos huérfanos, sin padre; nuestras madres, como viudas. A precio de plata bebemos nuestra agua, nuestra leña nos llega por dinero. El yugo a nuestro cuello, andamos acosados; estamos agotados, no se nos da respiro» (cf Lam 5,2-5). La mujer era propiedad del hombre y dependía de este para su sustento. Así una virgen era propiedad de su padre; cuando se casaba, del marido, y una viuda sin adulto, de los herederos de su esposo.

La viudez era considerada como una desgracia, pues representaba la pérdida de la posición social, la marginación y la falta de sustento. En el momento del fallecimiento del esposo, y como señal de duelo, la viuda se quitaba las joyas, se vestía de saco y mesaba sus cabellos, no ungiéndose la cabeza con perfume (Jdt 10,3-4; 16,7-8). En la antigüedad el vestido cumplía la función social de diferenciar clases, oficios y estados.

Debido a la fragilidad e indefensión social y económica de las viudas, Dios se presenta como su protector (Dt 10,18; Sal 68,5; 146,9; Prov 15,25; Jer 49,11). Dios mismo toma bajo su protección de padre el cuidado de los huérfanos y la defensa de las viudas: «Padre de los huérfanos y tutor de las viudas es Dios en su santa morada» (Sal 68,6), mostrándose como fuente de familia para aquellos que carecen de ella.

En el código de la Alianza, como continuación del Decálogo en el que se incluyen diversas leyes de tipo social, económico, ético y cultual, ya aparece la ley de las viudas y los forasteros (Éx 22,21-23). La reforma deuteronomista también pondrá de relieve el derecho de aquellas personas que parecen expulsadas de la alianza: «En presencia de Yavé, tu Dios, te regocijarás, en el lugar elegido por Yavé, tu Dios, para morada de su nombre: tú, tu hijo y tu hija, tu siervo y tu sierva, el levita que vive en tus ciudades, el forastero, el huérfano y la viuda que viven en medio de ti» (Dt 16,11-12). En los días de fiesta, el israelita debe abrir el espacio de su casa, acogiendo a los que no tienen familia y, de modo especial, a las viudas. En este contexto se sitúa también la ley de solidaridad económica, en el momento de la recogida de los frutos (Dt 24,17-21). El principio de solidaridad se abre de manera especial a las viudas (Dt 10,17-18).

En la literatura sapiencial se elogia a quien practica la misericordia con las viudas.

También los profetas van a poner el acento en aquellas personas y situaciones más vulnerables de la sociedad de su tiempo: pobres, huérfanos, viudas y extranjeros (Is 1,17; Jer 7,6; 22,3-7; Zac 7,10; Mal 3,5). En la literatura sapiencial se elogia a quien practica la misericordia con las viudas: «La bendición del moribundo subía hacia mí, el corazón de la viuda yo alegraba» (Job 29,13).

En el Nuevo Testamento, especialmente en Lucas, se aprecia la misma predilección de Jesús hacia las viudas presentes en la Ley y los profetas (Lc 7,11; 18,3-5; 20,47; 21,2-4). Jesús las elogia y las pone como ejemplo de enseñanza (Mc 12,41-42; Lc 18,1-8). En la comunidad primitiva de Jerusalén las viudas forman un grupo aparte, cuyas necesidades son cubiertas diariamente (cf He 6,1).

Esta conciencia es alimentada por los dirigentes de las comunidades cristianas, hasta el punto de que el autor de la Carta de Santiago llega a decir:

«La religiosidad auténtica e intachable a los ojos de Dios Padre es esta: atender a huérfanos y viudas en su aflicción y mantenerse incontaminado del mundo» (Sant 1,27).

En las cartas pastorales se aborda la cuestión de las viudas desde el punto de vista de la administración eclesial:

Para que una viuda sea inscrita en la lista se requiere que no tenga menos de sesenta años, que haya sido mujer de un solo marido y esté acreditada por sus buenas obras: si crio bien a sus hijos, si practicó la hospitalidad, si lavó los pies de los santos, si asistió a los atribulados, si procuró hacer todo tipo de obras buenas (1Tim 5,9-10).

No ocurría lo mismo con las viudas jóvenes, o menores de 60 años: «Porque por impulsos sensuales que alejan de Cristo, quieren casarse» (1Tim 5,11).

Desde finales del siglo II hasta el IV, los autores eclesiásticos hablan de las viudas ancianas como una especie de hermandad encargada de ocuparse de las mujeres que pertenecían a la Iglesia, especialmente de las viudas más jóvenes y de los huérfanos.

En la Carta a Tito, las viudas parecen jugar un papel particular en la comunidad:

Las ancianas, igualmente, sean, en su comportamiento, como conviene a personas religiosas; no sean calumniadoras, ni se envicien con el vino; sean maestras del bien, que inspiren buenos principios a las jóvenes, enseñándoles a amar a sus maridos y a sus hijos, a ser sensatas, puras, a cuidar de la casa, a ser bondadosas y sumisas a sus maridos, para que la palabra de Dios no sea maldecida (Tit 2,3-5).

Las viudas en el tercer evangelio

El amor de Dios por los más pobres y desvalidos de la sociedad adquiere una gran importancia en el evangelio de Lucas. La novedad y el ímpetu misionero de las primeras comunidades cristianas traen consigo una doble situación: por un lado, el elemento de rechazo y la consiguiente persecución que dan lugar a situaciones de pobreza y marginación; y, por otro, una tendencia a adecuar el compromiso del Evangelio con la sociedad en la que viven. Este segundo escenario es en el que parece vivir la comunidad lucana, de ahí que el evangelista escriba una catequesis a cristianos que ya la han recibido pero que necesita ser afianzada, para no caer en la tentación de adaptarse demasiado al mundo pagano.

Esto nos lleva a descubrir que estamos ante una comunidad cristiana mixta, donde predominan los cristianos de origen gentil, pero en la que también hay judíos. La preocupación de Lucas por los pobres, la pobreza o el recto uso de los bienes terrenos y su insistencia en el compartir hacen pensar en una comunidad parecida a la de Corinto y a la que aparece en la Carta de Santiago, donde una mayoría de cristianos pobres, de origen muy modesto, convive con un pequeño grupo de nivel social y económico superior.

En su discurso programático (Lc 4,16-22), Jesús proclama que «ha llegado el año de gracia del Señor», se trata del año jubilar (cf Lev 25,8-55), año de perdón total de los pecados que capacita al hombre para crear un mundo más solidario y justo. Por eso Jesús ha sido enviado, ungido por el Espíritu: «A anunciar a los pobres la Buena Nueva, a proclamar la liberación a los cautivos y la vista a los ciegos, para dar la libertad a los oprimidos y proclamar un año de gracia del Señor» (Lc 4,18-19).

La salvación que ofrece Jesús al ser humano cubre estos diversos aspectos. Salvar es librar de las tinieblas y en concreto del pecado (Lc 5,20-26; 7,50; 24,47), del dolor de la enfermedad y de la muerte.

La salvación definitiva o su comienzo se realizan mediante la incorporación a Jesús, a su seguimiento y a su comunidad (He 2,47). Jesús se presenta ofreciendo la liberación, cumpliendo la promesa del año jubilar, que implicaba la abolición de toda esclavitud. Él es el iniciador y creador del año de gracia de Yavé, ofreciendo el perdón de los pecados, signo de la presencia del reino de Dios (Lc 11,20), evangelizando a los pobres y realizando otros signos que anuncian la futura liberación del dolor y de la muerte (Lc 7,18-23; 21,28). La misma misión debe realizar la Iglesia compartiendo los bienes y haciendo realidad la promesa del año jubilar.

Una tipología particular

Dentro de este amplio conjunto que forman los pobres en el relato de Lucas podemos hacer una posible clasificación: los pobres forman una categoría heterogénea, que se puede separar en tres grupos, según el grado de carencia de bienes y la razón de ello.

El primer grupo estaría formado por los *pobres-miserables*, los *anawin* del Antiguo Testamento, que tienen carencias de todo tipo, lo que les impide vivir como personas. Es un grupo amplio donde estarían incluidos los miserables, los mendigos, los humillados, los hambrientos, los lisiados, los cojos, los mancos, las viudas necesitadas y las mujeres estériles. Todos ellos son los destinatarios privilegiados del reino de Dios. Dios no quiere este tipo de carencias para los seres humanos y, por ello, promete la salvación a estos pobres (Lc 1,53). Esta salvación tiene una dimensión presente, en la que se urge a actuar y cuyas obras a favor de los necesitados serán recompensadas por Dios Padre en la resurrección de los justos (Lc 14,13). A este primer grupo pertenece nuestra protagonista.

Otro grupo de pobres son los *cristianos perseguidos,* que han sido reducidos a situaciones de miseria por su fidelidad a la fe. En un contexto en el que los cristianos son perseguidos, Lucas los consuela, invitándolos a la alegría, relativizando los bienes terrenos y animándoles a mantenerse firmes en medio de las dificultades.

Finalmente, el último grupo estaría formado por aquellos que viven la pobreza como una opción de vida, como *austeridad.* En este sentido, se trata de un valor positivo, necesario para todos los discípulos de Jesús que deben evitar la codicia y no han de poner la confianza en el dinero, porque es una falsa esperanza (Lc 12,15-21). La plena salvación y la verdadera seguridad existencial están en el cielo; razón por la cual hay que vender y compartir los bienes con los que nada poseen para tener allí un tesoro (Lc 12,33-34; 16,1-13), ser ricos para Dios (Lc 12,21) y recibir la vida eterna (Lc 18,29s).

Una soledad no elegida

Dentro del primer grupo, los *anawin,* hemos hecho referencia a las mujeres viudas, a las que el evangelista presta una gran atención. De las 26 veces que aparece el vocablo en el Nuevo Testamento, 12 pertenecen a los textos lucanos. De los evangelistas, Marcos se refiere a ellas en tres ocasiones, mientras que Lucas las nombra en su obra (Lucas-Hechos) en nueve ocasiones. Hemos señalado también cómo la predilección del tercer evangelista por las viudas ha de considerarse dentro de su interés más general por los afligidos y oprimidos, y más particularmente por los pobres y las mujeres.

En el tercer evangelio hallamos cinco textos que se refieren a viudas, a los que vamos a hacer referencia brevemente. Uno de ellos es el nuestro.

El primero de ellos lo encontramos en el relato del nacimiento de Jesús y se refiere a Ana (Lc 2,37), presentada como la mujer que hablaba de Jesús a todos los que esperaban la redención. Lucas la describe como una mujer que sirve a Dios noche y día con ayunos y oraciones. El primer dato sobre ella es que se trata de una profetisa. Los otros rasgos biográficos de Ana la colocan dentro de la religiosidad del judaísmo. Ana es una israelita de pura cepa y su breve genealogía lo prueba: es de la tribu de Aser e hija de Fanuel. De edad avanzada, estuvo casada durante siete años; muerto el marido, entró en la categoría de las viudas que no han vuelto a casarse. Estas personas, por su edad, merecían especial consideración en Israel, por haber sido fieles a su primer marido, como Judit (Jdt 8,4-8; 16,22). Lucas presenta a esta anciana, profetisa y viuda como alguien que da a conocer la personalidad mesiánica del niño. Ella pronunciará un oráculo, al igual que anteriormente lo ha hecho Simeón.

El segundo es una referencia a una viuda de los tiempos del profeta Elías. «Os digo de verdad: Muchas viudas había en Israel en los días de Elías, cuando se cerró el cielo por tres años y seis meses, y hubo gran hambre en todo el país; y a ninguna de ellas fue enviado Elías, sino a una mujer viuda de Sarepta de Sidón» (Lc 4,25-26). Después de pronunciar Jesús su discurso inaugural en Galilea y ante la sorpresa de sus vecinos, la mencionó como signo de elección de Dios y de una mirada especial, no solo por su atención a las palabras y al servicio del profeta, sino porque se proclama receptora de la misericordia del Señor y de la vida.

Además, está la parábola del juez injusto y la viuda inoportuna (Lc 18,1-8). Con esta parábola situada al comienzo del capítulo 18, Jesús enseña a sus discípulos «que es preciso orar siempre sin desfallecer» (Lc 18,1). En el capítulo 11, Lucas ya ha insistido en el tema de la oración con el ejemplo del amigo insistente (11,5-10). Es sabido el gusto de nuestro evangelista por los duplicados. Cuando expone un tema le gusta aplicarle la doble perspectiva, los anuncios de nacimientos son a Zacarías y María (Lc 1,5-38); el niño es reconocido por Simeón y Ana (Lc 2,22-38); junto la oveja que perdió el pastor se habla la moneda que perdió la mujer (Lc 15,4-10), entre otras. Por eso ahora, cuenta un ejemplo desde la perspectiva de una mujer, viuda. El amigo insistente pedía pan para un huésped a su amigo ya dormido. Ahora, la viuda perseverante solicita al juez asistencia jurídica porque sufre las injusticias de su adversario. Sus súplicas tienen éxito al final, aunque ella no le pide a un amigo, sino a un hombre de duro corazón y despiadado: «Ni temía a Dios ni respetaba a los hombres». La conclusión en ambas parábolas es similar: Dios escuchará la oración (11,13) y «Dios hará justicia a sus elegidos, que están clamando a Él... les hará justicia pronto» (Lc 18,7-8). La viuda personifica a aquellos cuya justicia ha sido violada, a tantas personas que son relegadas, marginadas, olvidadas por no tener quien defienda sus derechos e intereses. La parábola alienta a no perder la esperanza en Dios y a ser perseverantes y pacientes como la viuda que nunca dejó de insistir, porque Dios hará justicia.

Más adelante, Jesús reprocha a los escribas que devoren las casas de las viudas (Lc 20,47). La sentencia del Maestro con respecto a ellos es más severa. Su disfraz de piadosos y el hecho de practicar una falsa caridad para quedarse con los bienes de las viudas los convierte en unos hipócritas, personas sin corazón con los más débiles de la sociedad. En cualquier caso, lo esencial para Lucas no es la denuncia, sino la advertencia a los discípulos de cómo debe ser su actuación de cara a los pobres y en concreto con las viudas.

Por último, está la ofrenda de la viuda pobre (Lc 21,1-4). La escena de este relato la ocupan solamente los ricos y la viuda. Los ricos echan sus donativos en el arca del Tesoro sin que sepamos cuánto valen. En cuanto a la viuda, Lucas cambia el adjetivo *pobre* de Marcos, por *indigente* que solo se usa esta vez en el Nuevo Testamento, para referirse a una persona a la que hay que prestar dinero (Éx 22,24), que puede ser víctima de un gobernador malvado (Prov 28,15), pero recibe la ayuda del israelita justo (Prov 29,7). La elección del adjetivo parece importante: subraya que la viuda, más que ayudar, es una persona que debe ser ayudada. Pero Jesús al calificar a la viuda vuelve a utilizar la palabra *pobre* en el sentido que tiene lo justo para vivir. A la ambientación de la escena sigue la enseñanza: «Os aseguro que esa pobre viuda ha echado más que todos. Porque todos esos han echado donativos de lo que les sobraba; esta, aunque necesitada, ha echado cuanto tenía, para

> La viuda, más que ayudar, es una persona que debe ser ayudada.

vivir». La alabanza que recibe esta mujer viuda de parte de Jesús la eleva en su condición y enseña a los discípulos y seguidoras de Jesús cómo han de actuar siempre con respecto a los bienes y a la riqueza.

Un relato conmovedor:
Jesús y la viuda de Naín

Unos antecedentes que vienen de lejos

La narración de la viuda de Naín no tiene paralelos en los sinópticos, y según los especialistas pertenece a una fuente propia de Lucas. Aunque parece que el evangelista se inspira en un episodio protagonizado por el profeta Elías.

Esta historia del profeta Elías está narrada en 1Re 17,17-24, cuando este llega a Sarepta y se aloja en casa de una viuda que tiene un solo hijo. El niño cae gravemente enfermo y muere. La mujer le reprocha al profeta que haya ido a su casa a recordarle sus pecados y a causar la muerte de su hijo. Elías le pide que le dé al niño, lo lleva a la habitación de arriba, donde él dormía, y lo acuesta en su cama.

Después clamó al Señor: «Señor, Dios mío, ¿también a esta viuda que me hospeda en su casa la vas a castigar haciéndole morir al hijo?». Luego se echó tres veces sobre el niño, clamando al Señor: «Señor, Dios mío, que resucite este niño». El Señor escuchó la súplica de Elías, devolvió la vida al niño y resucitó. Elías tomó al niño, lo bajó de la habitación y se lo entregó a la madre, diciéndole: «Aquí tienes a tu hijo vivo». La mujer dijo a Elías: «¡Ahora reconozco que eres un profeta y que la palabra del Señor que tú pronuncias se cumple!» (1Re 17,20-24).

Ambos relatos y ambas mujeres presentan *a priori* una serie de semejanzas: 1) las protagonistas son mujeres viudas con un solo hijo; 2) el hijo resucita gracias a la intervención de Elías o de Jesús; 3) el protagonista entrega el muchacho a su madre y 4) la madre, o la multitud en el caso de la viuda de Naín, reconocen la dignidad del profeta.

Pero junto a estos elementos comunes también podemos apreciar notables diferencias:

1. La actitud de las madres: en el caso de Elías esta se queja y protesta, mientras que, en el evangelio, ella calla, no dice nada, es la pri-

mera vez que se encuentra con Jesús y lo que prima es el silencio.

2. Las acciones del protagonista: mientras que Elías toma al niño, lo acuesta en la cama, clama al Señor, se echa tres veces sobre el niño pidiendo al mismo tiempo la resurrección y, al final, se lo entrega a su madre; en el caso de Jesús, viendo la situación, sin que nadie le pida nada y movido por la compasión, toca el féretro y ordena al muchacho que se levante. Lo más significativo es que Jesús tiene el poder de dar la vida.

3. El lugar donde se realiza el signo: Elías lo realiza en la habitación de la casa de la viuda donde él vivía. En consecuencia, el signo se realiza en un lugar privado, en donde solo hay dos testigos: Dios y el profeta. Sin embargo, el milagro de Jesús es algo público, presenciado por numerosas personas. Jesús llega a Naín «acompañado de los discípulos y de una gran multitud». También a la mujer viuda «la acompañaba un grupo considerable de vecinos». El milagro se realiza en el ámbito de lo público, en el camino donde Jesús contará con numerosos testigos.

4. La reacción ante el suceso. En el relato de la viuda de Sarepta es ella misma la que confiesa: «¡Ahora reconozco que eres un profeta y que la palabra del Señor que tú pronuncias se cumple!». En el caso de Lucas es la multitud que presencia el milagro de Jesús la que da gloria a Dios y exclama: «Un gran profeta ha surgido entre nosotros; Dios se ha ocupado de su pueblo».

En el segundo libro de los Reyes encontramos una historia parecida protagonizada por Eliseo, discípulo de Elías, que en Sunén resucitará al hijo único de una mujer estéril. De ella se dice que era una mujer principal, pudiente, que invita al profeta a comer en su casa. El matrimonio acoge al profeta hasta el punto de prepararle una habitación en el piso de arriba con una cama, una mesa, una silla y un candil. En recompensa, Eliseo le promete que concebirá un hijo, a pesar de su esterilidad y de la edad avanzada de su marido, y así fue. Pero, al cabo de pocos años, el niño enfermó y murió. La madre fue en busca del profeta, que envío a su criado Guejazí a poner su bastón sobre el rostro del niño. La madre insistió en que el profeta la acompañase:

Eliseo entró en la casa y encontró al niño muerto tendido en su cama. Entró, cerró la puerta y oró al Señor. Luego subió a la cama y se echó sobre el niño, boca con boca, ojos con ojos, manos con manos, encogido sobre él. La carne del niño fue entrando en calor. Entonces Eliseo se puso a pasear por la habitación de acá para allá, subió de nuevo a la cama y se encogió sobre el niño, y así hasta siete veces. El niño estornudó y abrió los ojos. Eliseo llamó a Guejazí y le ordenó: «Llama a la sunamita». La llamó, y cuando llegó le dijo Eliseo: «Toma a tu hijo». Ella entró y se arrojó a sus pies, postrada en tierra. Luego tomó a su hijo y salió (2Re 4,32-37).

Ambas narraciones confluyen en una idea principal: solo Dios es capaz de dar vida a cada ser humano. Si volvemos la mirada de nuevo hacia los relatos podemos apreciar cómo cada vida genera vida. La viuda desea la vida de su hijo cuyo milagro hace fluir la suya. La mujer estéril que nada pidió, ahora suplica por la vida de su niño que le hace caer de rodillas para después poder levantarse y vivir. Elías y Eliseo son mediadores de Dios para recuperar las vidas pérdidas.

Recorría toda Galilea

Poco tiempo después iba camino de una ciudad llamada Naín, y caminaban con él sus discípulos y mucho gentío. Cuando se acercaba a la puerta de la ciudad, resultó que sacaban a enterrar a un muerto, hijo único de su madre, que era viuda; y un gentío considerable de la ciudad la acompañaba. Al verla el Señor, se compadeció de ella y le dijo: «No llores». Y acercándose al ataúd, lo tocó –los que lo llevaban se pararon– y dijo: «¡Muchacho, a ti te lo digo, levántate!». El muerto se incorporó y empezó a hablar, y se lo entregó a su madre. Todos, sobrecogidos de temor, daban gloria a Dios diciendo: «Un gran profeta ha surgido entre nosotros» y «Dios ha visitado a su pueblo». Este hecho se divulgó por toda Judea y por toda la comarca circundante (Lc 7,11-17).

Jesús continúa su camino evangelizador por Galilea. Tanto sus enseñanzas como sus signos nos hablan de su identidad y su misión. En el capítulo 7, Lucas va a mostrar las diversas características del poder salvador de Jesús, capaz de sanar, resucitar y perdonar los pecados. Nuestro relato, sobre la resurrección del hijo de la viuda lo ha tomado el evangelista de su fuente particular. El texto muestra la densidad que implica narrar el milagro de hacer volver a la vida a una persona que todos asumen como muerto. El despliegue de recursos narrativos en Lucas es tan formidable, que pone en escena la fuerza que viene de Dios mismo y cómo la vida vence a la muerte. Pero hay algo más en la narración que no puede pasar desapercibido y es la mirada de Jesús, que no recae sobre el muchacho muerto sino sobre la madre viuda. Es ella quién acapara la atención del Maestro, es ella la que mueve las «entrañas» del mismo Dios, con su dolor, su vulnerabilidad y su silencio. La experiencia de la soledad humana experimentada por la madre que ha perdido a su hijo y el encuentro con la compasión de Jesús hacen que el relato ponga en el centro el encuentro de la realidad humana con el don gratuito, amoroso y compasivo de Dios.

La narración nos sitúa en el tiempo del ministerio de Jesús en Galilea. Todavía permanece en el recuerdo su presentación como profeta animado por del Espíritu en la sinagoga de Nazaret, su pueblo. Después ha llamado a sus discípulos y ha pronunciado el discurso de las bienaventuranzas, yen-

Las viudas [...] atrapan la mirada compasiva de un Dios que las envuelve con su amor.

do de camino, prometiendo a los pobres, a los hambrientos, a los que lloran y a los perseguidos la bendición y la misericordia de Dios.

Ahora Jesús va a ser interpelado por una situación que le sale al camino y actúa de manera compasiva. El camino, ese lugar de enseñanza y encuentros, también se convierte en lugar de sanación, de resurrección y de vida. Lo que está a punto de suceder nos señala que la vida en Jesús es vida cargada de gracia y de sentido.

Vamos a adentrarnos en el relato siendo testigos del camino que lleva de la muerte a la vida, no solo en la persona del joven, sino en la vida manifestada en esa madre viuda. La misericordia que revelará Jesús por ella será el signo de que también las viudas, como los pobres de la tierra, atrapan la mirada compasiva de un Dios que las envuelve con su amor.

El texto comienza con una indicación temporal: «Poco tiempo después». En el pasaje anterior, Jesús se encontraba en Cafarnaún, donde cura al criado de un centurión romano. Transcurrido un tiempo, se desplaza hacia otro lugar acompañado de sus discípulos y de una gran multitud de personas. Este caminar de Jesús tiene un significado más teológico que geográfico. El Señor, en el evangelio de Lucas, es un caminante, un itinerante, cuyas enseñanzas y acciones se suceden en la dinámica del camino. El camino pasa de ser un recorrido físico a un caminar existencial. Y esa es la propuesta de Jesús para sus discípulos y discípulas, salir al camino de todo ser humano, ir al encuentro del otro y ser capaces de generar nueva vida. Jesús se muestra en el camino como el Salvador misericordioso que acude al encuentro de toda la humanidad para conducirla al Padre.

Por el momento, este camino les conduce a Naín, una pequeña ciudad situada al sur de Galilea. Este pueblo que dista 10 km de Nazaret, y cuyo nombre significa «amable», «bella», va a acoger toda la amabilidad y bondad del Señor hacia los más pobres y desvalidos. Allí va a mostrar la misericordia de Dios hacia una mujer que llora.

Cerca de la ciudad de Naín, cuando se aproximan a la puerta, Jesús y sus discípulos se encuentran con un cortejo fúnebre. En procesión van familiares y amigos, varones y mujeres separados en grupos, que proceden a trasladar al difunto a la tumba, situada fuera de la ciudad para evitar la contaminación. El muerto es el hijo único de una viuda. Ya hemos visto como ser una viuda sin hijos es sinónimo de desgracia para esta mujer. Ella se ha quedado en una situación de total indefensión, pobre y abandonada. Para resaltar más su situación y ahondar más en la marginalidad y desvalimiento de la mujer, Lucas la describe primero como madre, para decirnos que su hijo es el único que tenía, y además es viuda.

Todos podemos entender el dolor de una madre ante la muerte de un hijo, sin embargo, el evangelista lo dramatiza señalando que no tiene más hijos. Ella era madre de un solo hijo y en consecuencia, ya no tiene a nadie más, su ser de madre ha quedado roto, desquebrajado por la muerte de ese hijo al que llora. Ella es pobre entre los pobres, se ha quedado sin nadie y en consecuencia sin nada. Pero Lucas añade un nuevo dato, ella es viuda, no tiene marido. En esta situación la mujer se ha quedado sin luz, su mundo se ha vuelto oscuridad total y su corazón navega en la negrura. En cierta medida, con la muerte del hijo aquella mujer también muere en vida. De manera directa, pero casi imperceptible, Lucas relata el encuentro de dos comitivas, una que entra en la ciudad, encabezada por aquel que es la Vida y otra que sale de ella, precedida por la muerte.

Entrañas de misericordia

Jesús percibe todo lo que sucede a su alrededor, nada escapa a su mirada cuando se trata de conectar con las personas sencillas. El evangelista le llama en el relato «el Señor», que es el nombre que se da a Dios en el Antiguo Testamento. Pero también, los evangelios llaman *Señor* a Jesús resucitado, el que ha vencido a la muerte y es el Señor de la vida. Vamos a señalar las acciones que Jesús realiza por iniciativa propia (v. 13), sin que nadie le pida nada. Todas ellas van dirigidas a la mujer, es ella la que despierta en Jesús la necesidad de realizar un signo que la va a llevar del camino de las lágrimas a una auténtica alegría.

La primera acción es mirar: «Al verla el Señor». Jesús no solo mira con los ojos, sino con el corazón. Él ve los acontecimientos que percibe su mirada al acercarse a la ciudad. Observa la comitiva que le sale al camino, pero sobre todo ve a la mujer, madre y viuda. Jesús mira desde dentro, perfora la realidad para adentrarse en el corazón de la persona en una dinámica que no le deja indiferente. Lucas no narra si ella levantó la mirada al percibir al numeroso grupo que se acercaba a la ciudad. Ni siquiera escuchar el cuchicheo de la gente distrajo su atención del dolor profundo que sentía. El dolor abaja la cabeza, impide mirar, cierra la posibilidad de toda luz. El dolor es ciego, pero la mirada de Jesús irradia la luz de la vida.

La siguiente acción se produce en el interior del propio Jesús y es lo que le moverá a actuar: «se sintió profundamente conmovido». La compasión es el modo de ser de Dios, su primera reacción ante sus criaturas y lo que mueve y dirige toda su actuación. La misericordia es un tema central que enmarca la totalidad del evangelio de Lucas y se hace además presente en momentos claves de la vida y del ministerio de Jesús. Para Lucas, Jesús es, personalmente, la expresión de las entrañas de misericordia de Dios, puesto que la misericordia no es una virtud más, sino la única manera de ser como Dios. El verbo que utiliza el evangelista es raro en el Nuevo Testamento, *splánjna,* que literalmente equivale a *rahamim* (entrañas). El relato nos presenta una terminología de *entrañas* con sentido de «ternura» que mueve a la persona a actuar en favor de aquel que lo necesita. En nuestro lenguaje común se dice que una persona *no tiene entrañas* o *tiene cerradas las entrañas,* cuando es incapaz de compadecerse de alguien. Al mismo tiempo, se dice que alguien es *entrañable* cuando tiene la capacidad de acoger con calor a otro. A Jesús algo se le movió por dentro, su corazón se identificó con el sufrimiento de esa mujer, el corazón roto de una mujer viuda rompió el corazón de Jesús, le hizo sentir su dolor, palpar el sabor de sus lágrimas. A Jesús se le «abrieron las entrañas» y se hizo «entrañable».

La tercera acción son las Palabras: «No llores». Jesús se dirige a la mujer con Palabras de consuelo. Él calma con su Palabra a la persona que sufre. Queda a la vista la situación de esta madre, que vive la ruptura de la lógica natural a la que estamos habituados en la vida, donde los hijos dan sepultura a los padres. La dureza del dolor que implica sepultar a un hijo es incomparable respecto a otro dolor humano. La escena parece haberse parado para fijar su foco solo en Jesús con sus sentimientos y sus palabras y en la madre con su llanto conmovedor. La palabra del Señor invita al sosiego, a la serenidad, a la confianza. Su voz infunde en la viuda una esperanza que había sido desechada por imposible.

Rompiendo los límites

Jesús, conmovido y tocado por el dolor de una madre y por la cercanía con la muerte, se ha acercado a la mujer. El narrador explicita otros dos gestos que va a realizar Jesús y que consiguen que aquellos que llevaban al hijo fallecido se detengan.

Desviamos el foco de la escena que caía sobre la madre para acercarlo hacia lo que va a devolverle la vida y la alegría. Esa ausencia de lágrimas dará paso al gozo contenido que manifestará la viuda ante lo que parecía imposible. Jesús se acerca ahora al féretro en el que yace el muchacho. Según la mentalidad de aquel tiempo, esa acción le convertía en impuro durante siete días: «El que toque a un muerto, cualquier cadáver humano, será impuro siete días» (cf Núm 19,11). Cuando él toca el féretro, «los que lo llevaban se detuvieron». También los discípulos de Emaús, ante la pregunta de aquel forastero que se ha acercado a ellos por el camino, se detienen (Lc 24,17). Las palabras y las acciones de Jesús llevan a las personas a detenerse expectantes ante lo nuevo, ante la novedad que presenta el Señor.

Se restablece la relación entre la madre y el hijo que había sido rota por la muerte.

Enseguida, se dirige al joven difunto: «Joven, a ti te digo: levántate». Jesús resucita al hijo de la viuda con un imperativo, con un mandato de su Palabra poderosa. Los verbos *levantar* y *despertar,* como suelen traducir nuestras Biblias, los usa Lucas también a propósito de los muertos que «resucitan» (cf 7,22; 9,7.22, entre otras). En el momento en que el difunto es interpelado por las palabras de Jesús, vuelve a la vida; de hecho, en el momento en que se incorpora, el narrador ya no usa más la palabra *joven,* sino «el muerto se incorporó y comenzó a hablar», haciendo notar que el acto de hablar es el signo más claro de que el muerto ahora está vivo. Lucas, con pocas palabras, de modo muy sencillo, muestra cómo se restablece la relación entre la madre y el hijo que había sido rota por la muerte. El retorno a la vida del muchacho no es el fin de la iniciativa de Jesús, sino que Lucas subraya la auténtica intención de Jesús con respecto a su signo: «y se lo entregó a su madre». El Señor ha venido a anunciar la Buena Noticia a los más pobres, desvalidos y marginados de la sociedad entre los que se encontraba aquella viuda. Así, el evangelista quita del centro de atención el hecho de que el joven vuelva a vivir y hable, y pone de relieve a la madre.

El muerto se incorpora y comienza a hablar, ¡la vida vuelve! En la compasión de Jesús, el Dios misericordia ha vuelto a visitar a quienes yacían en sombras de muerte (cf Lc 1,79). El joven habla, porque hablar y comunicar es propio del ser humano creado a imagen de Dios. Lo contrario es la muerte que aísla y deja a la persona en el egoísmo, incapaz de comunicarse y de amar. Jesús completa el consuelo para aquella mujer y vuelve a darle el don de la vida en el hijo.

Un gran profeta ha surgido entre nosotros

La finalidad de Lucas es ir mostrando progresivamente la identidad de Jesús y su misión. Jesús es el salvador de la humanidad como proclamó Zacarías en el *Benedictus:* «Bendito el Señor Dios de Israel porque ha visitado y redimido a su pueblo y nos ha suscitado una fuerza salvadora en la casa de David, su siervo» (Lc 1,68). Ahora la muchedumbre que formaba parte del cortejo y aquellos que acompañan a Jesús vuelven a exclamar palabras similares. Los dos grupos, esos que al inicio estaban separados y caminaban en sentidos opuestos, ahora están unidos en la alabanza a Dios.

El Señor no solo enseña, cura diferentes enfermedades, libera del mal y perdona los pecados, sino que se manifiesta como el Señor de la Vida. Todos los presentes se llenaron de temor y esto nos sitúa ante la magnitud del hecho que han presenciado.

No se trata de un miedo psicológico, sino más bien un temor de carácter religioso, el que siente la persona que reconoce la bondad de su Creador, por eso se expresa con un canto de alabanza, dando gloria a Dios.

La autoridad del Señor no es solo la de un profeta, sino la de aquel que se presenta como el Hijo de Dios y Señor de la vida y de la muerte. En este gran profeta, el pueblo ve la actuación de Dios. Jesús actúa como el Salvador, él también ha visitado a su pueblo, está entre ellos actuando y manifestando su poder liberador. Y los presentes lo reconocen con esa afirmación: «Dios ha venido a salvar a su pueblo» (cf 1,68). En el Antiguo Testamento, se habla de las *visitas* como intervenciones del Señor para bendecir a Israel (Gén 21,1; Éx 3,16; Jer 29,10) o para castigarlo (Éx 32,34; Is 10,12; Ez 23,21). Aquí la visita es obra de su gracia y con ella devuelve la vida al hijo de la pobre viuda. La gracia de Jesús es que el hombre y la mujer vivan.

La identidad del profeta de Nazaret sigue abierta en estos primeros compases del evangelio, y se va manifestando progresivamente quién es él. Sus Palabras y acciones no dejan a nadie indiferente, al contrario, van suscitando aceptación y seguimiento o lo contrario, un decidido rechazo. Él quiere una respuesta de fe confiada ante sus signos de parte de aquellos que son testigos de su misericordia y amor.

¿Hasta dónde se extiende la noticia? La noticia de lo sucedido se extiende por todo el territorio judío, es decir, por toda Palestina. La fama de Jesús aumenta, su camino profético y salvador continúa hacia delante. Con este gesto ha mostrado la acción de Dios Padre que siente misericordia por todas las personas, principalmente por los pobres y los marginados. Ellos son, como nuestra viuda, los predilectos de Jesús, con aquellos con los que se compromete de manera personal y desea liberar de su sufrimiento. Las actuaciones del Maestro siempre están abiertas a la vida, especialmente a la vida que aparentemente no vale nada. Por eso, la actuación de Jesús se convierte en un acontecimiento que hay que contar a todos los pueblos.

Algo para concluir

El relato de la viuda de Naín nos deja un poso de alegría y esperanza para los pobres y oprimidos. La madre del muchacho muerto se transforma por la acción de Jesús. En ella, se centran las principales acciones que mueven a Jesús a padecer con el sufrimiento de las personas y manifestar su poder salvador. En la concepción de Dios que tiene el pueblo de Israel, el Señor mismo se ocupa de los huérfanos y las viudas. Esta mujer ha sido víctima de pérdidas que producen dolor y soledad en la vida. Ha perdido a su esposo y ahora a su hijo. Acompañada de mucha gente del pueblo, que se aflige con ella, va camino de la muerte.

Ella caminaba hacia el lugar donde las lágrimas reinan, pero Jesús caminaba en sentido opuesto, hacia el lugar de la vida. El encuentro dará paso a la relación, a la empatía, a la misericordia. También la mujer viuda entonará una alabanza a Dios por este profeta que ha surgido entre ellos. Ella ha sido merecedora de la atención de Jesús, y aún sin saberlo, la vida empezaba a resurgir en su interior. El gesto de Jesús, entregándole a su hijo vivo la lleva a recuperar su condición de madre. Ambas existencias, la de la madre y la del hijo recobran de nuevo su identidad a través de las palabras y los gestos de Jesús.

Naín la amable que se volvió amarga recupera su lugar de acogida, de encuentro. Abre las puertas a la misericordia de un Dios que sale al camino de todos aquellos que necesitan de Él la salvación. El Señor se hace el encontradizo con todo ser humano que camina a la deriva en la vida, que transita por ella sin esperanza y sin futuro y halla en él esas entrañas compasivas que hace que en los días de oscuridad vuelva a salir el sol.

Esquema visual

LA VIUDA DE NAÍN

soledad

marginación

dolor

Dios

protege
cuida
hogar

acoger

patriarcal

levirato

ejemplo
enseñanza

REFERENTES
(Lc)

inferioridad
dependencia
sumisión

protegidas (He)
hermandad (II-IV)

soledad
muerte

Jesús CAMINA

viuda INDEFENSA

Jesús VE
la realidad

encuentro

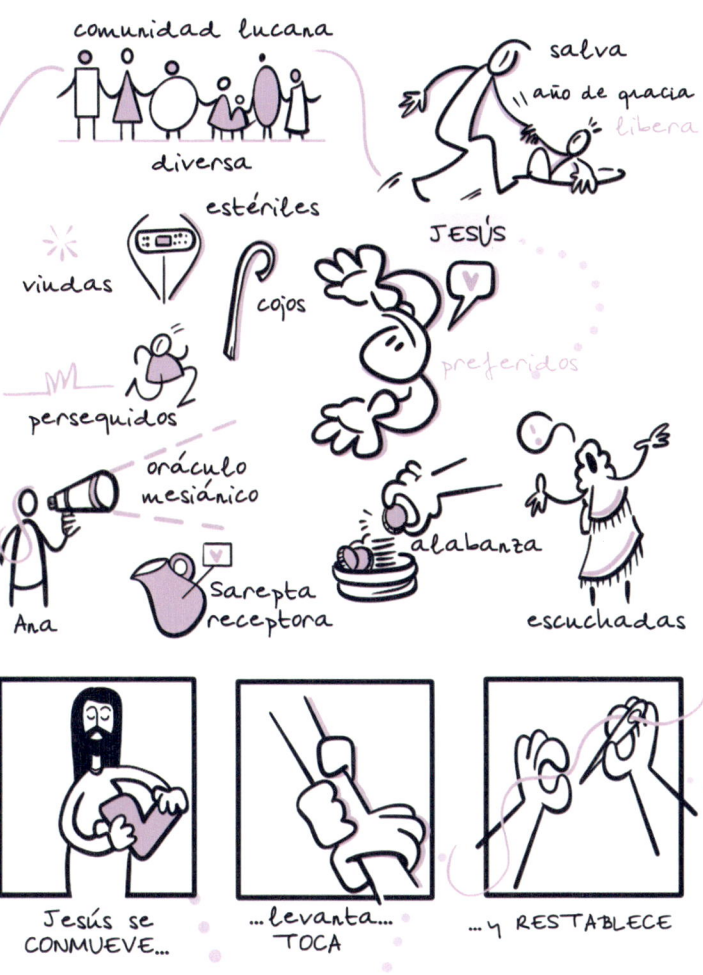

comunidad lucana

diversa

salva

año de gracia

libera

estériles

JESÚS

viudas

cojos

perseguidos

preferidos

oráculo mesiánico

Ana

Sarepta receptora

alabanza

escuchadas

Jesús se CONMUEVE...

...levanta... TOCA

...y RESTABLECE

alabanza

sanación   SEÑOR DE LA VIDA

Para el trabajo individual

Después de leer el texto, párate un momento y pregúntate:

- ¿Qué he aprendido de nuevo con respecto al texto?

- ¿He pensado en ocasiones que la misericordia de Jesús se dirigía al hijo y no hacia la madre?

- ¿Qué actitudes de la mujer despiertan en Jesús su compasión? ¿Qué actitudes de la gente despiertan la compasión en mí?

- Releo las acciones de Jesús con el hijo de la viuda y me pregunto: ¿a qué acciones concretas me mueve la misericordia con el prójimo?

- Recuerdo y leo el capítulo 15 del evangelio de Lucas donde se encuentran las parábolas de la Misericordia y me pregunto sobre mis pérdidas, mis búsquedas, y también sobre mis reconciliaciones conmigo misma y con los demás. ¿Qué aporta alegría a mi vida?

Dinámica grupal

La lectura de nuestro relato nos presenta una situación con frecuencia conocida. Todos tenemos alguna persona cercana que ha vivido la pérdida de un hijo o hija. También el caso contrario, personas que han recuperado la alegría después de una larga o grave enfermedad. Cada acontecimiento de dolor y también de alegría representan la necesidad de gestionar nuestras emociones. En ocasiones, reconocer las emociones en otros es más fácil que caer en la cuenta de las nuestras.

- Leemos el texto de la viuda de Naín (Lc 7,11-17) y dejamos un primer momento para compartir lo que nos sugiere el texto, escenas parecidas en el evangelio o en la vida de las personas que vamos a compartir.

- Reflexionamos sobre las ocasiones en las que hemos pasado de largo ante el dolor de los otros, o al contrario, en las que me he sentido tan conmovida que me he visto obligada a hacer algo por la persona.

- Seguir a Jesús implica adherirnos a su persona, a su proyecto de vida y en consecuencia actuar como él lo hizo. Nos toca compadecernos, consolar, sanar, liberar de la muerte a tantas personas. ¿Aparecen estas en mi proyecto de misión?

- Colocamos un papel en la pared o en el suelo y hacemos un cuadro con tres columnas:

  - En la primera de ellas escribo los signos de muerte que veo en nuestro mundo, pero también a mi alrededor.

  - En la segunda apunto los signos de vida.

  - Y finalmente en la tercera escribimos nuestro proyecto de acción, ¿qué hacemos para que las situaciones de muerte puedan transformarse en situaciones de vida?

- Si tenemos tiempo podemos ver juntas la película *Del revés (Inside out)* de Disney donde las emociones son, literalmente, las protagonistas. Una película con un profundo significado que nos invita a conocer las emociones básicas como la «alegría», la «tristeza», la «ira», el «miedo» y nos muestra cómo es el proceso cada vez que nos invade un sentimiento: cómo surgen, cuáles son sus consecuencias y de qué forma gestionarlas.

Rutinas de pensamiento

Círculo de puntos

1 Estoy PENSANDO en...
desde el PUNTO DE VISTA de...

... alguien que ha sufrido.

2 PIENSO sobre esto...

¿Cuándo he pasado de largo?

¿Cuándo me ha conmovido?

¿Qué me cuesta comprender?

¿Es posible encontrar ahí vida?

de vista

 **3** PREGUNTO...

¿Está en mi proyecto consolar?

¿Soy capaz de identificar la vida?

 **4** Mis NUEVAS IDEAS...

Sobre la misión cristiana de consolar.

Sobre el discipulado y la misericordia.

Círculo de puntos

1 Estoy PENSANDO en...
desde el PUNTO DE VISTA de...

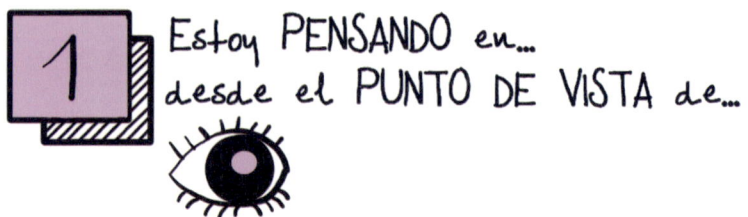

2 PIENSO sobre esto...

de vista

 **3** PREGUNTO...

 **4** Mis NUEVAS IDEAS...

Bibliografía

CABELLO MORALES P., *Como vuestro Padre es misericordioso. La misericordia en el evangelio de Lucas,* en Isidorianum 25/50 (2016) 287-334. Precioso artículo sobre la misericordia de Dios, en el tercer evangelio, representada en Jesús y su opción por los más pobres.

GARCÍA S., *Evangelio de Lucas,* Desclée de Brouwer, Bilbao 2012. Comentario amplio del evangelio de Lucas. Todas las perícopas aparecen comentadas con mayor o menor amplitud. En la nuestra el autor pone el acento sobre la madre viuda.

GÓMEZ-ACEBO I., *Lucas,* Verbo Divino, Estella 2008. Todo el comentario de Isabel Gómez-Acebo está lleno de sensibilidad y claridad con respecto a la visión que Lucas tiene de Je-

La viuda de Naín

sús y los pobres, el relato y la explicación de la viuda de Naín dejan ver sus preferencias.

Macdonald M. Y., «Parentesco y familia en el mundo del Antiguo Testamento», en Neufeld D.-Demaris R. E. (eds.), *Para entender el mundo social del Nuevo Testamento,* Verbo Divino, Estella 2010, 59-78. Las relaciones familiares están muy bien desarrolladas y explicadas en este artículo que forma parte de un libro sobre el mundo social del Nuevo Testamento y el papel que tiene allí la mujer.

Navarro M.-Perroni M. (eds.), *Los evangelios. Narraciones e historia,* Verbo Divino, Estella 2011. Desde una mirada femenina descubrimos una serie de artículos tanto del Antiguo como del Nuevo Testamento que nos acercan a una visión de la mujer más en sintonía con la perspectiva del reino de Dios. Con relación a nuestro texto ellas también siguen a Jesús.

Sicre J. L., *El Evangelio de Lucas. Una imagen distinta de Jesús,* Verbo Divino, Estella 2021. Comentario sobre el evangelio de Lucas con referencias muy claras al Antiguo Testamento. En concreto sobre nuestro texto y su relación con las viudas en tiempos de Elías y Eliseo.

Índice